Ella persistió
PURA BELPRÉ

Pura Belpré creció en Puerto Rico, rodeada de historias. Cuando se mudó a Nueva York, tuvo la oportunidad de trabajar en la Biblioteca Pública de la ciudad y de compartir todas esas historias con niñas y niños multilingües como ella. También escribió sus propios libros para que las personas de todo el mundo conocieran de cerca su cultura. Pura dio a los hispanohablantes en los Estados Unidos la oportunidad de leer en su idioma y de encontrar una comunidad en formas que nunca habían tenido. Cambió también, hasta el día de hoy, la relación de las bibliotecas con sus lectores.

T0015884

— INSPIRADO EN —

Ella persistió

de Chelsea Clinton y Alexandra Boiger

∙∙∙

PURA BELPRÉ

∙∙∙

Texto de
Meg Medina y Marilisa Jiménez García

Ilustraciones interiores de
Gillian Flint

Traducción de
Eva Ibarzábal

VINTAGE ESPAÑOL

Penguin
Random House
Grupo Editorial

Originalmente publicado en inglés bajo el título *She Persisted: Pura Belpré*
por Philomel Books, una división de Penguin Random House LLC, Nueva York, en 2023.

Primera edición: enero de 2024

Publicado en los Estados Unidos por Vintage Español, una división
de Penguin Random House Grupo Editorial USA, LLC
8950 SW 74th Court, Suite 2010
Miami, FL 33156

Traducción: 2023, Eva Ibarzábal
Ilustración de cubierta: © 2023, Alexandra Boiger
Diseño de cubierta: Ellice M. Lee

Impreso en Colombia / *Printed in Colombia*

Información de catalogación de publicaciones disponible
en la Biblioteca del Congreso de los Estados Unidos

ISBN: 978-1-64473-806-1

24 25 26 27 28   10 9 8 7 6 5 4 3 2 1

QUERIDO LECTOR:

Como dijeran convincentemente Sally Ride y Marian
Wright Edelman: "No puedes ser lo que no puedes ver".
Cuando Sally Ride dijo eso, se refería a que es difícil soñar
con ser astronauta, como ella, o médico o atleta o cualquier
otra cosa si no has visto que alguien como tú ha alcanzado ya
ese sueño. Hablaba particularmente sobre ver a las mujeres en
puestos de trabajo que históricamente habían sido ocupados
por hombres.

Escribí el primer libro de la serie *Ella persistió*, y los
que le siguieron, porque quería que las niñas (y también
los niños) vieran a mujeres que se esforzaron para alcanzar sus
sueños. Quería que todos viéramos ejemplos de persistencia
ante distintos desafíos, para que nos sirvieran de inspiración
en nuestras vidas.

Estoy muy entusiasmada ahora con la idea de asociarme
con una hermandad de escritoras para llevar a los lectores
versiones más largas y detalladas de estas historias de mujeres
persistentes que han logrado sus sueños. Espero que disfrutes
estos libros tanto como yo, y que sean una fuente de inspiración
y empoderamiento.

Y recuerda: si alguna vez alguien te dice que no, si alguna vez alguien te dice que tu opinión no es importante o que tus sueños son difíciles de alcanzar, piensa en estas mujeres. Ellas persistieron y tú también debes persistir.

Afectuosamente,

Chelsea Clinton

PURA
BELPRÉ

Í N D I C E

. . . .

CAPÍTULO 1

¡Vengan, niños!

¡Vengan, niños! Siéntense cerca y escuchen, porque esta es la historia de una niña que contaba cuentos sobre astutos conejos que vencen a tigres, sobre caballos multicolores que negocian su libertad e incluso sobre hermosas cucarachitas que se enamoran de galantes ratoncitos. Es la historia de una niña llamada Pura Belpré, que creció y convirtió una famosa biblioteca en un lugar donde todos podían sentirse bienvenidos.

Aunque no se sabe con exactitud cuándo nació, el certificado de nacimiento oficial de Pura Belpré dice que su fecha de nacimiento fue el 2 de febrero de 1899, en el pequeño pueblo montañoso de Cidra, Puerto Rico.

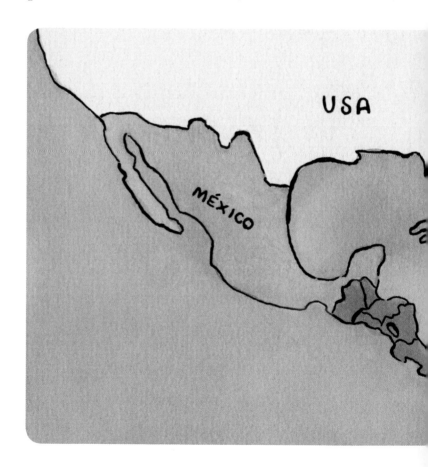

Quizás has oído hablar de Puerto Rico o incluso lo hayas visitado. Puerto Rico es una isla tropical situada entre el Océano Atlántico y el Mar Caribe. Actualmente es un territorio de los Estados Unidos. Pero no siempre fue así.

Por más de trescientos años, Puerto Rico estuvo bajo el dominio de España. Pero apenas unos meses antes de que naciera Pura Belpré, Puerto Rico experimentó un enorme cambio. España había librado la guerra hispanoamericana contra los Estados Unidos. Peleaban porque España quería mantener el control de Puerto Rico y otros territorios bajo su dominio, como Cuba y Guam.

Al final, España perdió la guerra. Como parte de su rendición, España firmó un documento llamado Tratado de París en el que cedía el control de Puerto Rico a los Estados Unidos. De esa manera, Puerto Rico se convirtió en un territorio de los Estados Unidos. Hoy día, Puerto Rico sigue siendo un territorio no incorporado, lo que quiere decir que no tiene poderes como estado de los Estados Unidos, ni como un país independiente. Los residentes de Puerto Rico no pueden votar en las elecciones presidenciales de los Estados Unidos. Tampoco pueden elegir a sus propios senadores y representantes en el Congreso para votar por las leyes. Esto significa que tampoco tienen voz sobre quién es elegido en la Corte Suprema. Muchas personas piensan que eso es injusto y quisieran cambiar lo que consideran el estatus de territorio colonial de Puerto Rico.

Cuando Estados Unidos tomó posesión, la transición no fue fácil. El nuevo gobierno y el pueblo puertorriqueño no confiaban los unos en los otros, ni siquiera se entendían bien. Se aprobaron nuevas leyes que beneficiaban al gobierno estadounidense. De repente, el pueblo tenía que pagar con dólares en lugar de pesos, que había sido la moneda hasta entonces. Aumentaron los impuestos y muchas personas no tenían dinero para conservar sus fincas. Todos los asuntos oficiales tenían que hacerse en inglés en vez de español, que era el idioma que la mayoría de las personas había hablado siempre en sus hogares y trabajos. Hasta los materiales escolares de repente comenzaron a imprimirse en inglés. Esto hizo que fuera una época difícil y confusa para los puertorriqueños.

Para empeorar las cosas, en agosto del año en que nació Pura, uno de los huracanes más poderosos de la historia, el huracán San Ciriaco, cruzó la isla y dejó 28 días de devastadora lluvia a su paso. Miles de personas resultaron heridas o murieron. El viento, el lodo y el agua arrasaron las cosechas. Muchos pueblos quedaron destruidos. Esto dejó a muchos puertorriqueños sufriendo y luchando por conseguir trabajo.

Uno de ellos era Felipe, el padre de Pura. Era trabajador de la construcción, y posiblemente tenía ascendencia francesa, aunque nadie lo sabe con certeza. Toda la familia se mudaba con frecuencia mientras él buscaba empleo.

Pura y su familia se mudaron de Cayey, con sus hermosas montañas y edificaciones blancas de estilo español, a Arroyo, un pueblo cerca del Mar Caribe, donde Pura estudió el primer y el segundo grado. Tras la muerte de su madre, su padre se volvió a casar y la familia se mudó a Guayama, un pueblo cercano, donde la mayoría de las personas trabajaba en la producción de azúcar. Todos estos cambios ocurrieron antes de que Pura llegara al quinto grado.

En cada nueva casa, Pura deambulaba por los alrededores para descubrir su entorno. Ya fuera en las montañas o cerca del mar, la naturaleza la atraía. Amaba los flamboyanes, con sus flores rojas en el verano. Escuchaba el trinar de las reinas moras, que brillaban en los árboles con sus pechos amarillos y cabezas con rayas blancas. Observaba el torrente del río y los coquíes que vivían en las cercanas orillas turbias.

Pero aún más que la naturaleza, a Pura le encantaba oír cuentos, particularmente las fábulas que le contaba su abuela en voz alta y de memoria. Esas historias eran tan antiguas como las montañas. Algunas procedían de los

indígenas taínos, los primeros habitantes de
la isla; otras, de la gente que arribó después,
ya fuera por elección propia o por la fuerza,
de Europa, África y Asia. Pero todas eran

historias populares, sobre todo en las comunidades afropuertorriqueñas como la de Pura,
y, con el tiempo, cada narrador, como su abuela,
las recontaba y modificaba a su manera.

Así que Pura era una niña con tres cua-
lidades importantes: sabía cómo enfrentar los
grandes cambios en su vida, tenía un profundo
amor por su isla natal, Puerto Rico, y sabía
escuchar las buenas historias de todas partes
del mundo.

Con esos tres atributos juntos, comienza
su emocionante historia.

....

Crecimiento y aprendizaje en Puerto Rico

Cuando la hermana mayor de Pura iba a empezar sus estudios universitarios, toda la familia se mudó a San Juan, la capital, donde estaba ubicada la Universidad de Puerto Rico.

San Juan era una antigua ciudad colonial muy animada. Tenía edificios de estilo español decorados con balcones de hierro y jardines interiores escondidos. Los fuertes, legados del dominio español, todavía vigilaban la bahía. Uno de ellos era una prisión y entre los reclusos había personas que habían luchado por la independencia de Puerto Rico.

Las personas viajaban alrededor de San Juan para sus asuntos cotidianos en un tranvía eléctrico llamado jaula, que tenía paradas por toda la ciudad. Pero lo mejor de San Juan para Pura era que sus primos vivían allí. En las tardes, a la hora de la siesta, se reunía con ellos y se dirigían a los antiguos fuertes. Años más tarde, recordaría: "Con el ruido del oleaje golpeándonos los oídos, intercambiábamos cuentos".

Algunos años después, cuando Pura se graduó de la Central High School, pensó que

quería ser maestra, ya que era un camino para recibir una educación universitaria. Ya hablaba español, inglés y un poco de francés. Le interesaban los libros, la actualidad y las historias orales.

Aunque había necesidad de maestras, en 1919 seguía siendo inusual para las niñas de Puerto Rico entrar a la universidad, especialmente para las afropuertorriqueñas que no venían de familias ricas. Es posible que el padre de Pura conociera a personas importantes a través de su trabajo y sus actividades políticas que pudieran haber ayudado a sus hijas a conseguir la admisión. Nadie lo sabe a ciencia cierta. Pero, cualquiera que fuera la razón, Pura fue aceptada en la Universidad de Puerto Rico en 1920 y estaba lista para

aprender todo cuanto pudiera. Era una joven
con un plan para su futuro.

Pero, algunas veces, los planes cambian
inesperadamente.

Para esa época, Pura recibió emocionantes noticias desde lejos. Llegó una misteriosa carta de un hombre llamado Raymond Maduro, que vivía en Nueva York. Pedía permiso para casarse con Elisa, una de las hermanas de Pura, que se había mudado a Nueva York con Luisa, otra de sus hermanas. Elisa quería que todos sus hermanos asistieran a su boda.

Por supuesto, Pura decidió ir.

Lo que ella no podía imaginar era que ese corto viaje para la boda le abriría los ojos a un sueño más grande que el de convertirse en maestra. De hecho, ese viaje cambiaría toda su vida.

Una nueva vida en Nueva York

Nueva York era un lugar emocionante a principios de los años 20. Cuando Pura llegó, encontró una ciudad bulliciosa con cerca de seis millones de personas, con barcos de vapor entrando y saliendo del agitado puerto cada veinte minutos. Había bancos y negocios y miles de fábricas que producían de todo, desde abrigos y sombreros para mujeres hasta cajas de tabacos, ataúdes

y llantas de goma. Llegaban trabajadores para ocupar todos esos puestos. Muchos afroamericanos migraron a la ciudad de Nueva York desde el sur, en busca de nuevas oportunidades. Inmigrantes de Europa y del Caribe cruzaban océanos para comenzar una nueva vida en los Estados Unidos. Fue también la época de la primera gran migración de puertorriqueños, que se enfrentaban a la falta de oportunidades de empleo en la isla. Además de llegar atraídos por los empleos, venían a Nueva York como ciudadanos estadounidenses, un derecho que les había otorgado recientemente el presidente Woodrow Wilson.

A medida que más personas se mudaban a la ciudad de Nueva York, los vecindarios iban creciendo y cambiando.

Al igual que sus hermanas Luisa y Elisa, Pura disfrutaba de la energía de Nueva York, así que decidió quedarse con Elisa después de la boda. Para ayudar con los gastos, consiguió un empleo en William Morris Company en la calle West 22, cerca del Distrito de la Moda. La compañía hacía enaguas, refajos y trajes de baño, y era una de las ocho mil fábricas de ropa de mujer que había en la ciudad en ese momento.

Pero poco después llegó una oportunidad mucho mejor.

Elisa y Raymond tenían muchos amigos interesantes que los visitaban en su apartamento. Entre ellos, había un profesor de español que se llamaba el señor Colón. Durante una de sus visitas, el señor Colón mencionó que tenía una amiga bibliotecaria que estaba buscando una asistente.

—El vecindario en la zona norte de la ciudad tiene muchas nuevas bodegas y barberías y mi amiga quiere a alguien que sea capaz de hablar español. ¡Me parece que Elisa es exactamente lo que necesita! —dijo el señor Colón.

A Raymond no le gustó nada la idea. Como muchos hombres de su época, no creía que las mujeres casadas debían trabajar fuera de la casa.

—Lo siento, pero mi esposa no va a trabajar —le dijo.

Elisa, que estaba escuchando con atención, habló enseguida:

—¿Por qué no se presenta Pura?

Así que acordaron que Pura iría a la entrevista de trabajo.

El señor Colón presentó a Pura a la señorita Ernestine Rose, recién nombrada supervisora de la biblioteca de la calle 135 en Harlem. Ernestine era una judía blanca que pensaba que el vecindario alrededor de su biblioteca pronto sería mayormente de hispanohablantes. Estaba interesada en contratar a más bibliotecarias negras e hispanohablantes. Sus jefes querían que ella creara materiales interesantes y estimulantes para la comunidad. ¿Le gustaría a Pura ser parte de ese esfuerzo?

Emocionada ante ese reto, Pura aceptó.

Pura no lo sabía en ese momento, pero había llegado al sistema de bibliotecas en una de las mejores épocas de su historia.

Por toda la ciudad se estaban construyendo hermosas bibliotecas porque los miembros de las familias adineradas de Nueva York decidieron convertirse en filántropos. Un filántropo es una persona que dona dinero para ayudar a las personas de diversas maneras, como con la construcción de edificaciones para el disfrute de toda la comunidad. Uno de los filántropos más conocidos de Nueva York era Andrew Carnegie, quien sumó su dinero a los donativos de las fundaciones de las familias Astor, Lenox y Tilden para construir sesenta y cinco bibliotecas en toda la ciudad. Estos donativos también hicieron posible otros avances interesantes. Ayudaron a crear una nueva colección de historia, cultura y literatura negra organizada por Arturo Schomburg, académico afropuertorriqueño en el sistema de bibliotecas públicas de Nueva York. El dinero se usó también para mejorar la colección de materiales para un grupo particular de personas que, hasta ese momento, no había sido muy bien atendido por la biblioteca.

Los niños, como ustedes, ahora eran bienvenidos en la biblioteca.

CAPÍTULO   4

·····························

Amigos, títeres y bibliotecas

Hoy día pensamos en las bibliotecas como lugares acogedores para los niños, con coloridos estantes de libros, espacios divertidos, sillas cómodas y emocionantes programas para elegir.

Sin embargo, no siempre fue así.

Hace mucho tiempo, las bibliotecas no eran muy acogedoras para los niños, y a los menores de catorce años sencillamente no se les permitía entrar. Los directores de bibliotecas pensaban que los niños eran ruidosos e indisciplinados, y que no se podía confiar en que trataran los libros con delicadeza. Pero una persona no pensaba lo mismo.

Anne Carroll Moore fue la primera administradora de bibliotecas públicas encargada de ampliar los servicios para los niños en la Biblioteca Pública de Nueva York. Durante años, ella había alegado que los niños merecían estar en la biblioteca. Anne contrató a las primeras bibliotecarias para niños. Ella quería bibliotecarias y asistentes con diversidad y energía, que fueran creativas y conocieran varios idiomas. Quería que estuvieran informadas sobre historias de distintas partes del mundo, y no le importaba mucho si tenían o no títulos universitarios. Lo más importante era conseguir los mejores libros para los niños. ¡Este era el trabajo perfecto para Pura!

Así que, en 1921, se convirtió en asistente en la sucursal de la calle 135, que más tarde se conocería como la Biblioteca Countee Cullen. La biblioteca estaba ubicada en el mismo corazón de Harlem, que era una próspera comunidad afroamericana, hogar de inmigrantes caribeños, incluidas también las comunidades afrocaribeñas. A Pura le entusiasmó la idea de conocer a colegas como Arturo Schomburg, cuya colección de materiales específicos sobre la cultura negra incluía también al mundo de habla hispana.

Como asistente, Pura tenía muchas tareas, tales como organizar los libros en los estantes,

revisar los materiales y encargarse de la hora
del cuento. Una de sus funciones era leer todos
los libros de los estantes de cuentos de hadas.
¿Por qué? Anne había pedido libros y cuentos
que reflejaran a los niños de la comunidad.
Pura veía que había una cantidad creciente

de niños puertorriqueños en Harlem, así que buscó de arriba abajo en todos los estantes fábulas internacionales como las que oía cuando era niña.

¡Imagínense su sorpresa al no encontrar ninguna!

¿Cómo podría ella ayudar a resolver el problema? Comenzó a investigar las fábulas puertorriqueñas y a hacer recomendaciones. Además, persistió al escribir los cuentos que había oído de su abuela. Cuando le tocaba el turno de dirigir la hora del cuento, ella contaba esas historias. En poco tiempo, las personas se dieron cuenta de que era una excelente narradora.

Cada vez que empezaba la hora del cuento, encendía una vela de los deseos para que los niños escucharan el relato a la luz de las velas. Su voz era grave y calmada. Miraba a cada niño cuando hablaba. Gesticulaba con las manos y creaba voces diferentes para los personajes. Cuando terminaba el cuento, los niños pedían un deseo y soplaban la vela juntos. Otros autores y narradores que visitaban la biblioteca estaban de acuerdo en que Pura creaba una experiencia que hacía que los niños viajaran en su imaginación. Su admirado colega Arturo incluso la animó a escribir los cuentos para los niños.

En poco tiempo, sus superiores y colegas también se fijaron en Pura y la alentaron a convertirse en bibliotecaria a tiempo completo. Así que se inscribió en la Escuela de Bibliotecas Públicas de Nueva York. Una de las clases la impartía Mary Gould Davis, que era supervisora de la narración de cuentos para todo el sistema de bibliotecas. A Mary le encantaban las fábulas, y alentaba a sus estudiantes en la escuela de bibliotecas a elegir cuentos raros que los niños no pudieran encontrar solos.

Pura sabía exactamente cuál era el cuento que presentaría para su primera asignación de clases. Recordaba un cuento que había aprendido de su abuela. Se llamaba "Pérez y Martina" y era sobre una hermosa cucarachita llamada Martina y un galante ratoncito llamado Pérez que se enamora de ella. Ella escribió el cuento y lo contó en clase exactamente como se lo había contado su abuela, incluso con un final un poco escalofriante... la muerte de Pérez en una olla hirviendo. El cuento tuvo tan buena acogida que Pura recibió una invitación para presentarlo a otras bibliotecarias en el simposio anual de bibliotecas. (Un simposio es una reunión especial donde la gente habla sobre un tema particular). El cuento "Pérez y Martina" se hizo tan popular que la compañía Frederick Warne lo publicó en forma de libro unos años después. El cuento favorito de Pura se convirtió en el primer libro de cuentos latino publicado por una de las principales editoriales de los Estados Unidos.

Pura trabajó en muchas sucursales de la biblioteca y con distintos grupos de inmigrantes. En el momento en que la transfirieron a la sucursal de la calle 115, ella había creado una gran colección de cuentos, lo que fue muy útil. El vecindario había sido una vez mayormente

judío, pero ahora muchas familias puertorriqueñas vivían allí. Una antigua sinagoga se había
convertido en La Milagrosa, la primera iglesia
de habla hispana de la comunidad puertorriqueña. La iglesia ofrecía programas infantiles
en español para las madres interesadas. Un
día, Pura vio allí un espectáculo de títeres
que presentó el joven hermano de una de las
bibliotecarias. Pura recordó que de niña le
gustaban las marionetas. Ella había usado fru-
tas de mango alargadas para crear muñecas, a
las que dibujaba caras y añadía pelo. Decidió
usar títeres en su biblioteca.

Poco a poco, la sucursal se convirtió en un
verdadero centro para la comunidad. Pura trabajó sin descanso para ofrecer a la comunidad
lo que esta deseaba y necesitaba. Había muchos

programas para los adultos, como exposiciones de arte y conferencias, pero también programas emocionantes para los niños, incluso eventos que nunca se habían hecho.

La biblioteca fue la primera sucursal en celebrar el Día de Reyes, que es cuando los niños en Puerto Rico y otros países reciben los regalos de Navidad. Lo mejor de todo es que comenzaron a ofrecer clases para hacer títeres y espectáculos de marionetas realizados por los niños del vecindario. Estos espectáculos se hicieron populares de inmediato. Incluso en días de nevadas, las familias iban a disfrutar de las presentaciones, sobre todo porque estaban basadas en historias que recordaban de Puerto Rico. Poco después, le pidieron a Pura que llevara los espectáculos de títeres a otras sucursales y centros comunitarios de toda la ciudad.

Con el pasar de los años, la reputación de Pura como bibliotecaria experta, titiritera y cuentacuentos creció, sin importar en qué sucursal trabajara. Si había un conflicto en una comunidad, como East Harlem, ella usaba cuentos para ayudar a que los niños de distintos orígenes se unieran. En la sucursal de Aguilar, diseñó un club que llamó Little Women's Club (Club de Mujercitas) para animar a los padres más estrictos a que dejaran a sus hijas pasar tiempo en la biblioteca con sus amistades. Enseñó a los varones a crear títeres. Para 1940, era tan exitosa allí que la invitaron a una conferencia nacional de bibliotecarias en Cincinnati, Ohio, para que presentara sus ideas sobre la mejor manera de trabajar con los clientes hispanohablantes. Bibliotecarias de todo el país escucharían sus ideas.

Pura se fue a Ohio con gran entusiasmo.

Pero en Cincinnati conoció a alguien que cambiaría su vida de nuevo.

....

El amor por una autora
y narradora de cuentos

L a presentación de Pura fue todo un éxito en la conferencia de bibliotecarias. Impecablemente vestida, subió al escenario y mantuvo la atención del público mientras explicaba sus ideas con una voz profunda y firme. Después, conversó sobre su libro, *Pérez y Martina*, con un caballero que era parte del público. Los dos prometieron mantenerse en contacto.

Se trataba de Clarence Cameron White, un famoso músico y director musical afroamericano. Un caballero maduro y elegante, con gafas de armadura metálica y traje de *tweed*. Su música se basaba a menudo en la historia y el folclore de los negros. Había ganado un importante premio por escribir una ópera basada en la vida de Jean-Jacques Dessalines, el antiguo esclavo que lideró una revuelta de su pueblo contra los franceses y más tarde se convirtió en emperador de Haití.

Poco tiempo después de conocer a Pura, la esposa de Clarence, Beatriz, falleció, y él quedó viudo.

Pura y Clarence pronto se enamoraron y se escribieron muchas cartas. Se casaron en 1943 y se mudaron a un estudio en Sugar Hill,

un elegante vecindario de Harlem. Al prin-
cipio, Pura no estaba segura de querer dejar
su vecindario mayormente puertorriqueño en
East Harlem, pero pronto comenzó a apreciar
su nueva fascinante comunidad. El edificio
de apartamentos donde vivían en Edgecombe

Avenue era el más alto y cotizado de su época en Harlem, y muchos inquilinos eran famosos escritores, músicos, intelectuales y activistas de la comunidad. Entre los que hicieron de ese edificio su hogar se encontraban el famoso pintor Aaron Douglas, el líder social W.E.B. DuBois y Thurgood Marshall, que se convertiría en juez de la Corte Suprema. Los vecinos a menudo asistían juntos a fiestas para conversar sobre la excelencia de los negros y otros asuntos importantes de la época.

Pero la vida de casada requería muchos más ajustes que solo decidir dónde vivir. La decisión más importante para Pura era si continuaría siendo bibliotecaria.

Ella amaba su trabajo, pero la carrera profesional de su nuevo esposo exigía muchos viajes a distintas ciudades para ensayos y presentaciones. Estar lejos era difícil para la pareja, pero dejar el trabajo que ella adoraba también sería doloroso. Intercambiaron muchas cartas tratando de decidir qué hacer.

Finalmente, Pura y Clarence tomaron una decisión. Pura pidió un año de licencia para ausentarse de la biblioteca. Durante ese receso, viajó con su esposo, pero también escribió y representó sus propias historias. Sin embargo, su tiempo fuera de la biblioteca resultó mucho más largo que doce meses. De hecho, ¡se extendió por cerca de veinte años! Mientras Clarence trabajaba en sus presentaciones, Pura continuaba narrando cuentos en las ciudades a las que viajaban. Solía usar el mismo puñado de cuentos que incluían magia, animales y la vida en los campos de Puerto Rico. Todas eran historias que los niños no encontrarían por su cuenta, y todas contenían algo gracioso y algo tenebroso que ella sabía que a los niños les encantaría. En 1946, los publicó en su segundo libro, *The Tiger and the Rabbit and Other Stories*, la primera colección de fábulas puertorriqueñas publicadas en inglés en los Estados Unidos.

Durante muchos años, Pura no volvió a publicar ningún libro, aunque persistió en seguir escribiendo. En los veranos, mientras Clarence participaba en un festival de música anual en Tanglewood, Massachusetts, Pura se mantenía ocupada trabajando en una idea para un cuento corto sobre un muchacho de campo llamado Juan Bobo. También trató de escribir

una novela completa sobre una muchacha llamada Teresa, que se parecía mucho a ella. En la
novela, Teresa regresa a su hogar en una finca
rural entre Cidra y Cayey para descubrir un
misterio sobre su hermano. Desafortunadamen-
te, Pura no encontró una editorial interesada
en su historia en ese momento.

Pero esa no fue la única experiencia triste
para Pura. Su esposo era mucho mayor que
ella, le llevaba cerca de veinte años. Cuando
Clarence murió de cáncer en 1960, Pura sintió
que todo su mundo se venía abajo.

Sus amigas de la biblioteca le propusieron
una idea. ¿Por qué no volver a la biblioteca?
Crearon un puesto para ella: especialista en
niños de habla hispana. En poco tiempo, ya estaba más ocupada que nunca. Visitó escuelas,

bibliotecas y presentó la hora del cuento en los cinco distritos de la ciudad de Nueva York. Compró materiales de calidad para las bibliotecas y tuvo la oportunidad, una vez más, de conocer a niños y a sus familias, algunos de ellos procedentes de distintos países del Caribe y América Latina. Así que, a pesar de ser un momento triste para Pura en lo personal, encontró la manera de transformar esa tristeza en algo positivo. Le resultó gratificante "ser recibida por un grupo de niños que aún recuerda los cuentos que contaste, que un niño te pida que le repitas un cuento que se perdió porque su amiguito le dijo que era 'súper', escuchar a un niño judío rogarle a su mamá que lo deje quedarse a la hora del cuento solo por esta vez".

Luego, le pidieron a Pura que trabajara en un proyecto muy especial. El South Bronx tenía una gran población de puertorriqueños, cubanos, dominicanos y personas de otros países que habían dejado sus hogares por problemas políticos y económicos y se habían mudado a Nueva York. La comunidad de South Bronx necesitaba mejores servicios de educación y recreación para las familias que hablaban español. De acuerdo con Lillian López, la joven bibliotecaria que lo organizaba, el proyecto de bibliotecas de South Bronx tenía el propósito de "derribar las barreras entre la biblioteca y la comunidad". Lillian también era puertorriqueña y venía de una familia que creía firmemente en la educación y la justicia. De hecho, su hermana Evelina López Antonetty era una líder comunitaria muy conocida que había fundado United Bronx Parents, una organización que apoyaba la educación bilingüe y los servicios de comidas gratis, entre otras mejoras en las escuelas.

En poco tiempo, Lillian y Pura estaban trabajando juntas con otros líderes puertorriqueños para ayudar a fortalecer las escuelas públicas y levantar la comunidad. Por primera vez, las escuelas estaban enseñando en formatos bilingües para ayudar a los estudiantes que hablaban otros idiomas en lugar de inglés en sus hogares, y Pura sabía bastante sobre cómo hacerlo bien. Lillian preparó listas de libros para uso de las maestras. Pura visitaba escuelas y guarderías con sus presentaciones bilingües y sus cuentos. Tuvo tanto éxito que, en 1973, el distrito escolar 16 bautizó su biblioteca sobre ruedas con el nombre de Caravana de Niños Pura Belpré. El autobús iba de escuela en escuela. Tenía alfombras rojas y pantallas de proyección. Se podían tomar prestados los libros y había caballetes para que los niños pintaran cuadros relacionados con los libros y cuentos que leían. Pura tenía a su cargo un nuevo programa de títeres y cuentos en El Museo del Barrio, y diseñó también un programa de cuentos para adultos. Hasta las costureras de las fábricas esperaban a que Pura fuera a narrarles cuentos.

Como si esto fuera poco, Pura escribió más que nunca durante esta época atareada. Su persistencia a lo largo de los años había dado frutos, y ahora las editoriales le prestaban

atención. A los 63 años, finalmente publicó la historia que había comenzado a escribir durante los veranos con Clarence en Tanglewood. Se llamaba *Juan Bobo and the Queen's Necklace*. Dos años más tarde, su amiga bibliotecaria Augusta Baker convenció a Lippincott Company de publicar una nueva edición de *The Tiger and the Rabbit and Other Tales* con más cuentos añadidos y nuevas ilustraciones. Pura grabó *Pérez y Martina* en un disco de larga duración o LP, que era uno de los primeros formatos para grabar audio.

Algunos años después, publicó otros dos libros: *Oté*, una fábula puertorriqueña sobre cómo ser más astuto que un pícaro estafador, y *Santiago*, un libro premiado sobre la amistad entre un niño puertorriqueño de Nueva York y sus compañeros de clase. Editó una de las historias de *The Tiger and the Rabbit* para convertirla en un libro aparte llamado *The Dance of Animals*. Escribió una colección de cuentos, *Once in Puerto Rico*, sobre los taínos —los primeros habitantes de Puerto Rico— y los colonizadores españoles. Tenía cerca de ochenta años cuando publicó *The Rainbow-Colored Horse*, la historia de un caballo de siete colores que negocia su libertad con el niño que lo captura. Además, escribió muchas historias inéditas, como "Inés y Mariita", sobre niñas fuertes que usaban el ingenio y la magia para resolver sus problemas. Por supuesto, también escribió muchos discursos y ensayos.

Dondequiera que iba, las personas reconocían a Pura Belpré como una señora elegante, respetada bibliotecaria y narradora de cuentos. Pero, ahora, la conocían también como una escritora consumada y una líder social sabia.

CAPÍTULO   6

La luz de las velas de su hora del cuento sigue brillando

A medida que Pura envejecía, las personas a menudo le rendían homenaje o le solicitaban entrevistas para oír sus sabios consejos sobre cómo trabajar mejor con las comunidades. Una de esas ocasiones ocurrió en mayo de 1982, cuando Pura recibió una invitación muy especial. Fue invitada a Gracie Mansion, la casa del alcalde de la ciudad de Nueva York, que en ese momento era Edward Koch, para recibir el

Premio de Honor de Arte y Cultura del Alcalde. Recibió el reconocimiento por mejorar la vida cultural de los neoyorquinos a través de su trabajo en las bibliotecas públicas y los centros comunitarios. Los oradores esa noche

la calificaron como una pionera silenciosa que había enriquecido la vida de todos los niños.

Al mes siguiente, Pura recibió otro premio especial, esta vez de su comunidad puertorriqueña. Unos años antes, se había fundado en la ciudad de Nueva York el Boricua College, el único colegio universitario privado latino en el territorio continental estadounidense. El 25 de junio, la institución le rindió homenaje a Pura por la contribución durante toda su vida a la comunidad puertorriqueña.

Apenas una semana después, el 1 de julio de 1982, Pura murió tranquilamente mientras dormía. Tenía 83 años.

Cuando alguien muere, quienes lo conocieron suelen encontrar consuelo reflexionando sobre la vida de esa persona. Recuerdan y valoran todas las cosas especiales que esa persona hizo en vida. Eso ocurrió después de la muerte de Pura.

En octubre de ese año, la Asociación de Bibliotecas de los Estados Unidos (ALA, por sus siglas en inglés) le escribió a Elisa, la hermana de Pura, para comunicarle que la organización había aprobado una resolución para rendir homenaje a Pura. Margaret Mary Kimmel, presidenta de la Asociación de Servicios Bibliotecarios para Niños, una división de ALA, escribió: "Sus incontables contribuciones a nuestra profesión y su continuo entusiasmo al compartir su valiosa herencia y amor por los niños puertorriqueños en todas partes la mantendrá viva en nuestras mentes y corazones".

En 1996, la Asociación de Bibliotecas de los

Estados Unidos fue aún más allá al establecer
el Premio Pura Belpré. Este premio es presen-
tado cada año a autores e ilustradores latinos
de libros infantiles "cuyo trabajo represente,
afirme y celebre mejor la experiencia cultural
latina en una obra literaria destacada para niños y jóvenes".

Todos los autores que ganan ese premio se convierten en parte del sueño de Pura de tener libros y cuentos de todas partes del mundo hispanohablante.

Ese mismo año, para ayudar a que se siguiera publicando la obra de Pura, la editorial Arte Público Press publicó *Firefly Summer*, una novela que Pura escribió durante la Segunda Guerra Mundial y que no pudo publicar en vida.

En años recientes, se ha continuado rindiendo homenaje al legado de Pura. En 2022, la esquina de la calle 109 este y la avenida Lexington en East Harlem fue rebautizada como Pura Belpré Way.

Pero lo más importante es que las ideas y la visión de Pura siguen viviendo en muchas personas. Ella comenzó su trabajo como bibliotecaria hace casi un siglo, y muchas de las cosas en las que Pura creía y por las que luchó han sido adoptadas hoy día por las bibliotecarias. Si ves materiales en español y otros idiomas en las bibliotecas, es gracias a los esfuerzos de Pura por encontrar libros que contaran la historia de todos, especialmente la de los niños puertorriqueños. Si asistes a un emocionante programa para niños en tu biblioteca, agradece a las primeras bibliotecarias, como Pura, que sabían que los niños como tú siempre deben encontrar eventos que capturen su imaginación en la biblioteca. Y si eres un niño latino o una niña latina —quizás eres de los que ha tenido que aprender inglés o llevas poco tiempo en tu comunidad—, recuerda que tienes héroes como Pura, que sabía que algún día estarías aquí y usó su persistencia para prepararte el camino.

CÓMO TÚ PUEDES PERSISTIR

por Meg Medina y Marilisa Jiménez García

¿Amas los libros, los cuentos y las comunidades? Puedes usar ese amor para honrar el legado de Pura también.

1. Lee los libros que hayan recibido la medalla Pura Belpré. Puedes pedirle a la bibliotecaria que los solicite de la lista Pura Belpré. Puedes encontrar la lista de los pasados ganadores aquí:

ALA.org/ALSC/AwardsGrants/
BookMedia/Belpre

2. Crea títeres y representa tu cuento favorito para tus familiares o amigos. Puedes usar calcetines, palitos de paleticas de helado, bolsas de papel y muchos otros materiales para crear los personajes que contarán la historia.

3. Ofrécete como voluntario en la escuela o en la biblioteca pública local. Puedes obtener puntos para tu escuela por tu servicio a la comunidad y estarás rodeado de excelentes libros para leer.

4. Escribe los cuentos favoritos que contaban en tu familia. Puedes usar

un *software* gratuito o casi gratuito
para convertir una de esas historias
en un libro.

5. Disfruta de audiolibros de todas
   partes del mundo. ¡Puedes
   escucharlos e imaginarte a los
   personajes!

6. Lee algunas de las obras de Pura
   en la biblioteca. Aunque la mayoría
   de los libros de Pura están fuera de
   circulación, todavía puedes encontrar
   Firefly Summer, *Pérez y Martina*, y
   otros más en la biblioteca. Pídele a
   una bibliotecaria de confianza que te
   ayude a encontrarlos o que los solicite
   para la colección.

7. Estudia y aprende sobre los países y territorios en el Caribe y sobre los afrolatinos. Pura creía que las personas del Caribe tenían un caudal de cuentos e historias que ofrecerle al mundo. Este es un buen sitio para empezar: Anansesem.com.

USO DE LOS TÉRMINOS EN ESTE LIBRO

Notarás que en este libro usamos diferentes términos para describir a Pura y a las personas importantes en su vida. En los Estados Unidos, algunas veces oímos los términos *negro* y *afroamericano* con el mismo significado. Pero no todos los usan de esa forma, y nos parece que no es la mejor manera de describir a Pura y a las personas en su comunidad. Hace mucho tiempo, los traficantes de esclavos sacaron a personas negras de sus países natales en distintas partes del mundo en contra de su voluntad para llevarlas a otros países. Todas esas personas eran negras, y la negritud es una experiencia y una identidad que existe ahora en países y comunidades de todo el mundo. El término *afroamericano* describe específicamente a las personas negras en las comunidades que crecieron en los Estados Unidos.

En nuestro libro, cuando hablamos de personas, eventos e ideas relacionados con las culturas negras de todo el mundo, usamos el término *negro/a*. Cuando hablamos sobre la cultura negra específicamente en los Estados Unidos, usamos *afroamericano*.

Verás también que usamos los términos *latina*, *latino* y *afropuertorriqueño*.

A lo largo de la historia, ha sido muy difícil describir a tantas personas de nuestro país cuyas raíces descienden de España o de sus antiguas colonias en toda la América Latina y el Caribe. Los términos incluyen: españoles, hispanos, latina/o, latinx y, más recientemente, latine. El problema es que no existe una sola palabra que pueda describir más de veinte países diferentes, cada uno con su propia historia, idioma y habitantes. Preferimos ser específicos siempre que sea posible. Así que, para honrar la herencia de Pura como una mujer negra de Puerto Rico, nos referimos a ella como afropuertorriqueña. En dos ocasiones, usamos latino y latina para referirnos a niños de muchos posibles orígenes en América Latina y el Caribe.

❧ *Referencias* ❧

Aguilar, Eduardo. *Pura Belpré: Storyteller.* Videoproducción del Centro de Estudios Puertorriqueños, Hunter College, CUNY.

Asociación de Servicios Bibliotecarios para Niños, una división de la Asociación de Bibliotecas de los Estados Unidos. "Pura Belpré Award". ala.org/alsc/ awardsgrants/bookmedia/belpre.

CBC Radio. "Why Goodnight Moon Didn't Make New York Public Library's List of Most Checked-Out Books". *As It Happens*, 15 de enero de 2020. cbc.ca/radio/asithappens/ as-it-happens-tuesday-edition-1.5426388/ why-goodnight-moon-didn-t-make-new-york-public-library-s-list-of-most-checked-out-books-1.5428049.

Biblioteca y archivos del Centro de Estudios Puertorriqueños. "Arnold Hyman Profile on Pura Belpré, 1970". Información personal y biográfica. Artículos sobre Pura Belpré, 1932-1979. Documentos de Pura Belpré, 1897-1985. Centro de Estudios Puertorriqueños, Hunter College, CUNY. Caja 1, carpeta 3.

Biblioteca y archivos del Centro de Estudios Puertorriqueños. "Bilingual Storyteller". Otros escritos, 1960-1969. Documentos de Pura Belpré, 1897-1985. Centro de Estudios Puertorriqueños, Hunter College, CUNY. Caja 19, carpeta 4.

Biblioteca y archivos del Centro de Estudios Puertorriqueños. "Birth Certificate" y "Graduation Program". Información personal y biográfica, 1931-1985. Documentos de Pura Belpré, 1897-1985. Centro de Estudios Puertorriqueños, Hunter College, CUNY. Caja 2, carpeta 4.

Biblioteca y archivos del Centro de Estudios Puertorriqueños. "Correspondence to Mrs. Raymond Maduro from the American Library Association". Documentos de Lillian López, 1928-2005. Centro de Estudios Puertorriqueños, Hunter College, CUNY. Caja 3, carpeta 12, página 1.

Biblioteca y archivos del Centro de Estudios Puertorriqueños. "Exhibition Panels". Materiales gráficos. Documentos de Pura Belpré, 1897-1985. Centro de Estudios Puertorriqueños, Hunter College, CUNY. Caja OS III.

Biblioteca y archivos del Centro de Estudios Puertorriqueños. "Folktales". Escritos, 1932-1989. Documentos de Pura Belpré, 1897-1985. Centro de Estudios Puertorriqueños, Hunter College, CUNY. Caja 13-18.

Biblioteca y archivos del Centro de Estudios Puertorriqueños. "Guide to the Lillian López Papers 1928–2005 (Bulk 1970–1980)". Documentos de Lillian López, 1928-2005. Centro de Estudios Puertorriqueños, Hunter College, CUNY. centroarchives.hunter.cuny.edu/repositories/2/resources/26.

Biblioteca y archivos del Centro de Estudios Puertorriqueños. "Interview with Pura Belpré on April 4, 1976". Documentos de Lillian López, 1928-2005. Centro de Estudios Puertorriqueños, Hunter College, CUNY. Cinta 1, Lado A: LiLo. PBel.04.04.1976.b07.1a.

Biblioteca y archivos del Centro de Estudios
Puertorriqueños. "Letter to Clarence White".
Correspondencia. Documentos de Pura Belpré,
1897-1985. Centro de Estudios Puertorriqueños,
Hunter College, CUNY. Caja 12, carpeta 1.
Biblioteca y archivos del Centro de Estudios
Puertorriqueños. "Mixed Materials". Información
personal y biográfica, 1931-1985. Documentos
de Pura Belpré, 1897-1985. Centro de Estudios
Puertorriqueños, Hunter College, CUNY. Caja 1,
carpeta 8.
Biblioteca y archivos del Centro de Estudios
Puertorriqueños. "New York City Mayor's
Awards". Tributos y materiales mixtos. Documentos
de Pura Belpré, 1897-1985. Centro de Estudios
Puertorriqueños, Hunter College, CUNY. Caja 2,
carpeta 8.
Biblioteca y archivos del Centro de Estudios
Puertorriqueños. Fotografías, 1929-1969.
Documentos de Pura Belpré, 1897-1985. Centro de
Estudios Puertorriqueños, Hunter College, CUNY.
Caja 29-33.
Biblioteca y archivos del Centro de Estudios
Puertorriqueños. Pura Belpré y Clarence Cameron

White, 1940-1949. Documentos de Pura Belpré, 1897-1985. Centro de Estudios Puertorriqueños, Hunter College, CUNY. Caja 30.

Biblioteca y archivos del Centro de Estudios Puertorriqueños. Pura Belpré con familiares y amigos, 1920-1929. Documentos de Pura Belpré, 1897-1985. Centro de Estudios Puertorriqueños, Hunter College, CUNY. Caja 30.

"The Connected City". Museo Nacional de Historia Estadounidense. 9 de mayo de 2019. americanhistory. si.edu/america-on-the-move/connected-city.

de la Vega, Caridad, James A. Jacobs y Arleen Pabón-Charneco. "National Historic Landmark Nomination: Old San Juan Historic District". Departamento del Interior de los Estados Unidos, Servicio de Parques Nacionales. 1 de junio de 2012, npshistory.com/publications/nr-forms/pr/old-san-juan.pdf.

González, Lisa Sánchez. *The Stories I Read to the Children: The Life and Writing of Pura Belpré, the Legendary Storyteller, Children's Author, and New York Public Librarian*. New York: Centro Press, 2013.

Gray, Christopher. "Streetscapes/409 Edgecombe Avenue; An Address That Drew the City's

Black Elite". *The New York Times*, 24 de julio
de 1994. nytimes.com/1994/07/24/realestate /
streetscapes-409-edgecombe-avenue-an-address-that-
drew-the-city-s-black-elite.html.

Jiménez García, Marilisa. "Pura Belpré Lights the
Storyteller's Candle: Reframing the Legacy of
a Legend and What it Means for the Fields of
Latino/a Studies and Children's Literature". *Centro
Journal*. Centro de Estudios Puertorriqueños,
Hunter College, CUNY. Volumen XXVI, n.o 1
(Primavera 2014): 110-145.

Jiménez García, Marilisa, *Side by Side: US Empire,
Puerto Rico, and the Roots of American Youth
Literature and Culture*. Jackson, MS: The
University Press of Mississippi, 2021.

Klepper, Rachel "United Bronx
Parents—A 'Community Grown Organization'".
Biblioteca de libros raros y manuscritos de
Columbia, Columbia University. 18 de julio de 2019.
blogs.cul.columbia.edu/rbml/2019/07/18/united-
bronx-parents-a-community-grown-organization.

Korrol, Virginia E. Sánchez. *From Colonia to
Community: The History of Puerto Ricans in New*

York City. Berkeley y Los Angeles: Imprenta de la Universidad de California, 1994.

"Landmark Preservation Commission, LP 1861: '409 Edgecombe Avenue Borough of Manhattan'". Informe sumario de la reunión, New York, New York, 15 de junio de 1993.

Lareau, Louise. "NYPL's Anne Carroll Moore: A Pioneer Who Opened Library Doors to Kids... Literally". *New York Public Library Blog*, 8 de marzo de 2021. nypl.org/blog/2021/03 /08/ nypls-anne-carroll-moore-a-pioneer-who-opened-library-doors-to-kids.

Biblioteca del Congreso. "Clarence Cameron White, 1880–1960". loc.gov/item/ihas.200038858.

Miller, Marilyn L., ed. "Mary Gould Davis". *Pioneers and Leaders in Library Services to Youth: A Biographical Dictionary*. Westport, CT: Libraries Unlimited, 2003.

Montreville, Doris de, y Elizabeth D. Crawford, eds. "Pura Belpré". *Fourth Book of Junior Authors & Illustrators*. H. W. Wilson: New York, 1978.

Morrison, Allen. "The Tramways of Ponce, Puerto Rico". Creado el 10 de junio de 2010. tramz.com/pr/ pc.html.

Nelson, Nicole. "NYPL's Ernestine Rose: Opening the Door to Diversity". *New York Public Library Blog*, 15 de marzo de 2021. nypl.org/blog/2021/03/15/nypls-ernestine-rose-opening-the-door-to-diversity.

Archivos y Manuscritos de la Biblioteca Pública de Nueva York. "Overview: Biographical/Historical Information". Documentos de Clarence Cameron White, 1901–1940. archives.nypl.org/scm /20793 bioghist.

Personal de NYPL. "NYC Street Honors Pura Belpré, NYPL's First Puerto Rican Librarian". *New York Public Library Blog*, 18 de abril de 2022. nypl.org/blog/2022/04/18/nyc-street-renaming-honors-pura-belpre.

"Pura Belpré Biographical Notes". Reforma: Asociación Nacional Para Promover Servicios de Biblioteca e Información a Latinos e Hispanohablantes. reforma.org/content .asp?contentid=510.

Shulz, Dana. "Historic Map Shows the Manufacturing Industries of 1919 NYC". *6sqft Blog*, 14 de diciembre de 2016. 6sqft.com/historic-map-shows-the-manufacturing-industries-of-1919-nyc.

AGRADECIMIENTOS

Queremos agradecer a Chelsea Clinton por invitarnos a escribir sobre la vida de esta fascinante bibliotecaria. Es un sueño hecho realidad ser parte de la hermandad de mujeres persistentes y honrar la memoria de Pura Belpré de esta forma.

Un gran reconocimiento a las bibliotecarias y al personal del Centro de Estudios Puertorriqueños de Hunter College, donde se guardan los archivos de Pura Belpré. (Todas las obras, los discursos, fotografías, cartas y documentos importantes de Pura). La colección era un tesoro de información, y el personal hizo que la investigación realizada allí fuera todo un placer.

Meg también quiere agradecer a las bibliotecarias de la Biblioteca Pública de Nueva York por ayudarla a corroborar información difícil de encontrar, particularmente sobre los últimos meses de la vida de Pura Belpré. Marilisa quiere agradecer a sus padres, Carlos y Carmen Jiménez, por cultivar en ella el amor por su cultura bilingüe y por motivarla a convertirse en escritora.

Por último, ambas queremos agradecer la oportunidad de trabajar juntas. Ha sido un honor poder combinar nuestros talentos y experiencias para garantizar que la increíble vida de Pura y sus contribuciones recibieran el respeto y la distinción que siempre han merecido.

MEG MEDINA es la octava Embajadora Nacional de Literatura Juvenil. Es una autora galardonada que escribe para niños y adolescentes y sus libros figuran en la lista de los más vendidos del *New York Times*. Ha ganado numerosos premios por su obra, incluyendo el premio Ezra Jack Keats, así como el Premio Pura Belpré. En 2019, su novela *Merci Suárez Changes Gears* ganó el Premio Newbery. Cuando no está escribiendo, trabaja en proyectos comunitarios que apoyan a la juventud latina. Vive con su familia en Richmond, Virginia.

Puedes visitar a Meg Medina en línea en
MegMedina.com
o seguirla en X
@Meg_Medina
y en Instagram
@MegMedinaBooks

MARILISA JIMÉNEZ GARCÍA es profesora asociada de literatura infantil en Simmons University. Es la autora de *Side by Side: US Empire, Puerto Rico, and the Roots of American Youth Literature and Culture.* Investiga el papel de la literatura juvenil en las luchas por la educación y la justicia racial en los Estados Unidos. Las obras de Jiménez García se han incluido en *The Atlantic, Refinery 21, Children's Literature* y *Latino Studies.*

Puedes seguir a Marilisa Jiménez García en X
@MarilisaJimenez

GILLIAN FLINT ha trabajado como ilustradora profesional desde que obtuvo su título en animación e ilustración en 2003. Desde entonces, su trabajo ha sido publicado en Reino Unido, Estados Unidos y Australia. En su tiempo libre, a Gillian le gusta leer, pasar tiempo con su familia y entretenerse en el jardín en los días soleados. Vive en el noroeste de Inglaterra.

Puedes visitar a Gillian Flint en línea en
gillianflint.com
o síguela en Instagram
@gillianflint_illustration

CHELSEA CLINTON es la autora del bestseller del *New York Times Ella persistió: 13 mujeres americanas que cambiaron el mundo; Ella persistió en el deporte: Americanas olímpicas que revolucionaron el juego; Ella persistió en la ciencia: Mujeres brillantes que marcaron la diferencia;* entre otros libros. Es la vicepresidenta de la Fundación Clinton, donde trabaja en iniciativas como ayudar a empoderar a la próxima generación de líderes. Vive en Nueva York con su esposo Marc, sus hijos y su perro Soren.

Puedes seguir a Chelsea Clinton en X
@ChelseaClinton
o en facebook.com/chelseaclinton

ALEXANDRA BOIGER ha ilustrado cerca de veinte libros de cuentos, incluyendo la serie *Ella persistió* de Chelsea Clinton; la popular serie *Tallulah*, de Marilyn Singer, y los libros *Max and Marla*, de su propia autoría. Nació en Múnich, Alemania, y actualmente vive en las afueras de San Francisco, California, con su esposo Andrea, su hija Vanessa y sus gatos Luiso y Winter.

Fotografía: Vanessa Blasich

Puedes visitar a Alexandra Boiger en línea en
alexandraboiger.com
o síguela en Instagram
@alexandra_boiger

¡No te pierdas el resto de los libros de la serie Ella persistió!

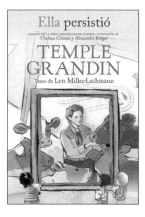

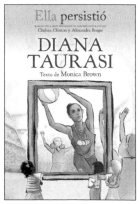